Impressum
Verlag: BABADADA GmbH, Nedderfeld 112 , 22529 Hamburg
Geschäftsführer / Verlagsleitung: Harald Hof
Druck: Books on Demand GmbH, In de Tarpen 42, 22848 Norderstedt

Imprint
Publisher: BABADADA GmbH, Nedderfeld 112 , 22529 Hamburg, Germany
Managing Director / Publishing direction: Harald Hof
Print: Books on Demand GmbH, In de Tarpen 42, 22848 Norderstedt, Germany

escuela

училище

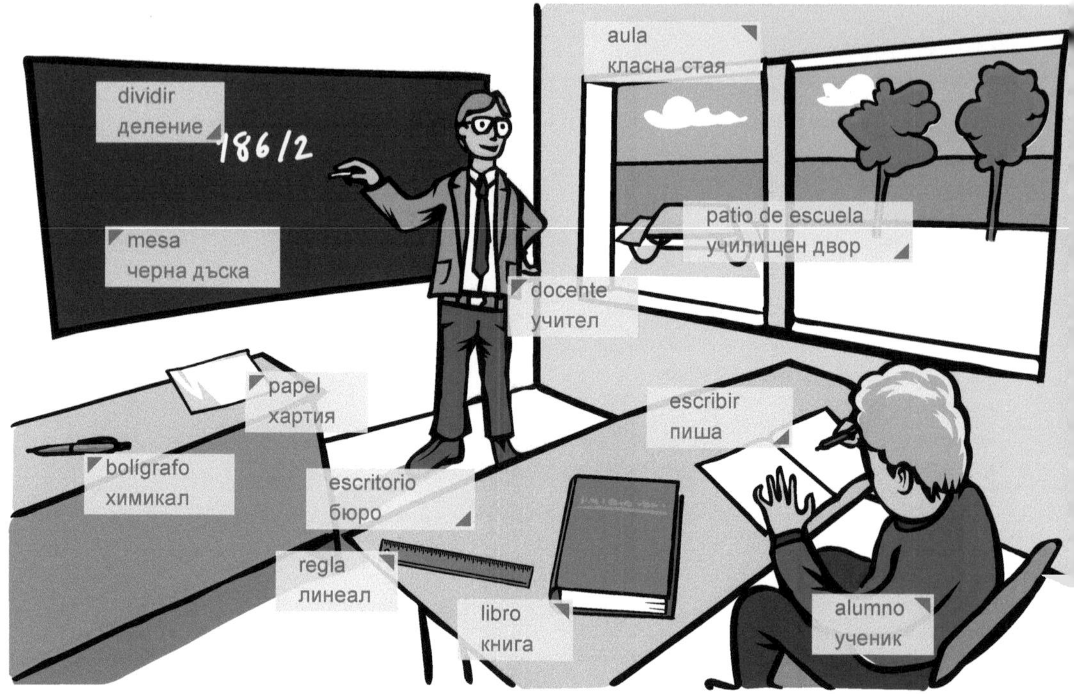
aula
класна стая
dividir
деление
186/2
mesa
черна дъска
patio de escuela
училищен двор
docente
учител
papel
хартия
escribir
пиша
bolígrafo
химикал
escritorio
бюро
regla
линеал
libro
книга
alumno
ученик

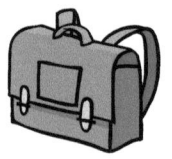

mochila escolar
....
ученическа раница

caja de lápices
....
ученически несесер

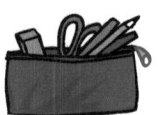

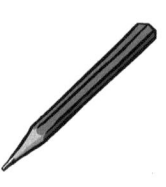

lápiz
....
молив

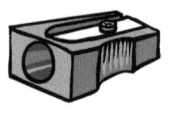

sacapuntas
....
острилка за моливи

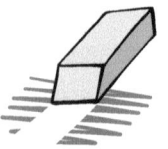

goma de borrar
....
гума

bloc de dibujo
....
блок за рисуване

dibujo

рисунка

pincel

четка

caja de pinturas

акварелни бои

tijera

ножица

pegamento

лепило

libro de ejercicios

тетрадка за упражнения

tarea

домашна работа

número

число

2+2

sumar

събиране

restar

изваждане

multiplicar

умножение

calcular

смятане

letra

буква

alfabeto

азбука

palabra

дума

texto

текст

leer

чета

tiza

тебешир

lección

час

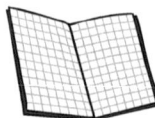

libro de clase

дневник на класа

examen

изпит

certificado

свидетелство

uniforme escolar

ученическа униформа

educación

образование

enciclopedia

справочник

universidad

университет

microscopio

микроскоп

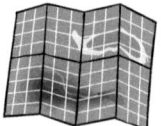

mapa

карта

cesto de papeles

кошче за хартиени
отпадъци

viaje
пътуване

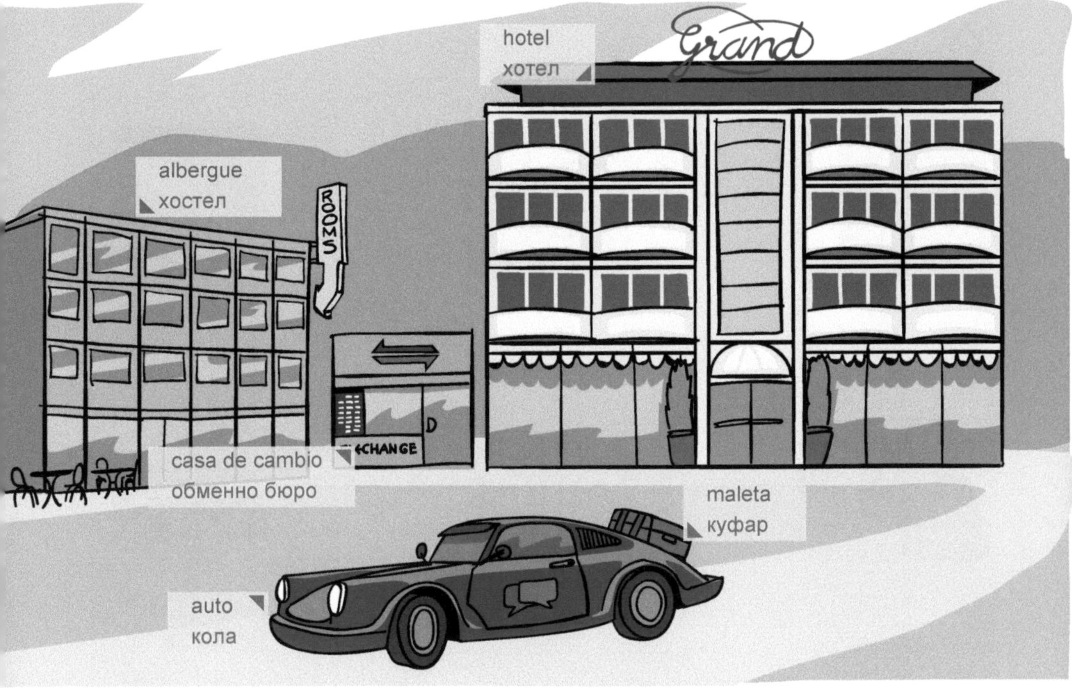

hotel
хотел
Grand
albergue
хостел
ROOMS
EXCHANGE
casa de cambio
обменно бюро
maleta
куфар
auto
кола

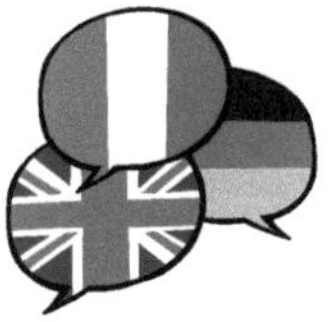

idioma

език

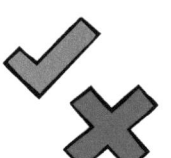

sí / no

да / не

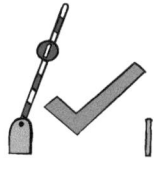

ok

Океи

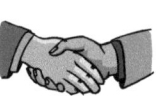

hola

здравей

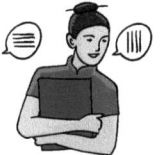

intérprete

преводач

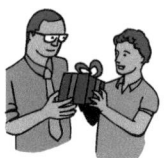

gracias

Благодаря

¿Cuánto cuesta…?

Колко струва…?

No entiendo

Не разбирам

problema

проблем

¡Buenas tardes!

Добър вечер!

¡Buenos días!

Добро утро!

¡Buenas noches!

Лека нощ!

adiós

довиждане

dirección

посока

equipaje

багаж

bolso

пътна чанта

mochila

раница

invitado

посетител

cuarto

стая

saco de dormir

спален чувал

tienda de campaña

палатка

información al turista

туристическа информация

playa

плаж

tarjeta de crédito

кредитна карта

desayuno

закуска

almuerzo

обед

cena

вечеря

pasaje

билет

ascensor

асансьор

sello

пощенска марка

límite

граница

aduana

митница

embajada

посолство

visa

виза

pasaporte

паспорт

transporte

транспорт

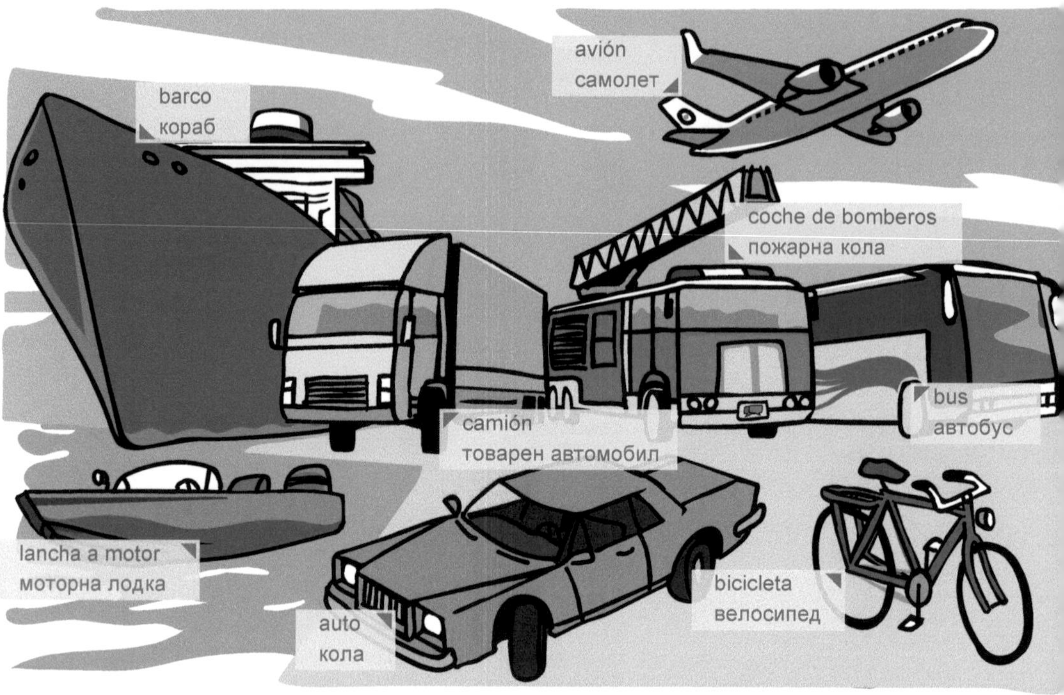

avión
самолет
barco
кораб
coche de bomberos
пожарна кола
bus
автобус
camión
товарен автомобил
lancha a motor
моторна лодка
bicicleta
велосипед
auto
кола

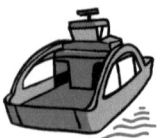

balsa

ферибот

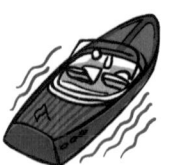

lancha

лодка

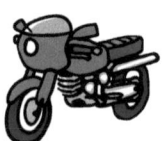

motocicleta

мотоциклет

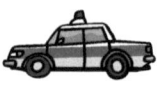

auto de policía

полицейска кола

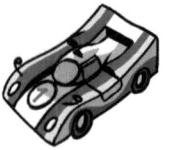

auto de carreras

състезателна кола

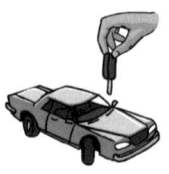

auto de alquiler

кола под наем

alquiler de autos
каршеринг

grúa
автомобил от "Пътна помощ"

vehículo recolector de basura
сметовоз

motor
двигател

gasolina
бензин

gasolinera
бензиностанция

señal de tráfico
пътен знак

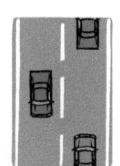

tránsito
улично движение

atasco
задръстване

estacionamiento
паркинг

estación de tren
гара

carril
релси

tren
влак

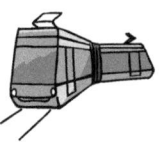

tranvía
трамвай

vagón
вагон

helicóptero

хеликоптер

aeropuerto

аерогара

torre

кула

pasajero

пасажер

contenedor

контейнер

caja de cartón

кашон

carro

ръчна количка

cesta

кошница

despegar / aterrizar

излитам / приземявам се

ciudad

град

aldea

село

centro de la ciudad

градски център

casa

къща

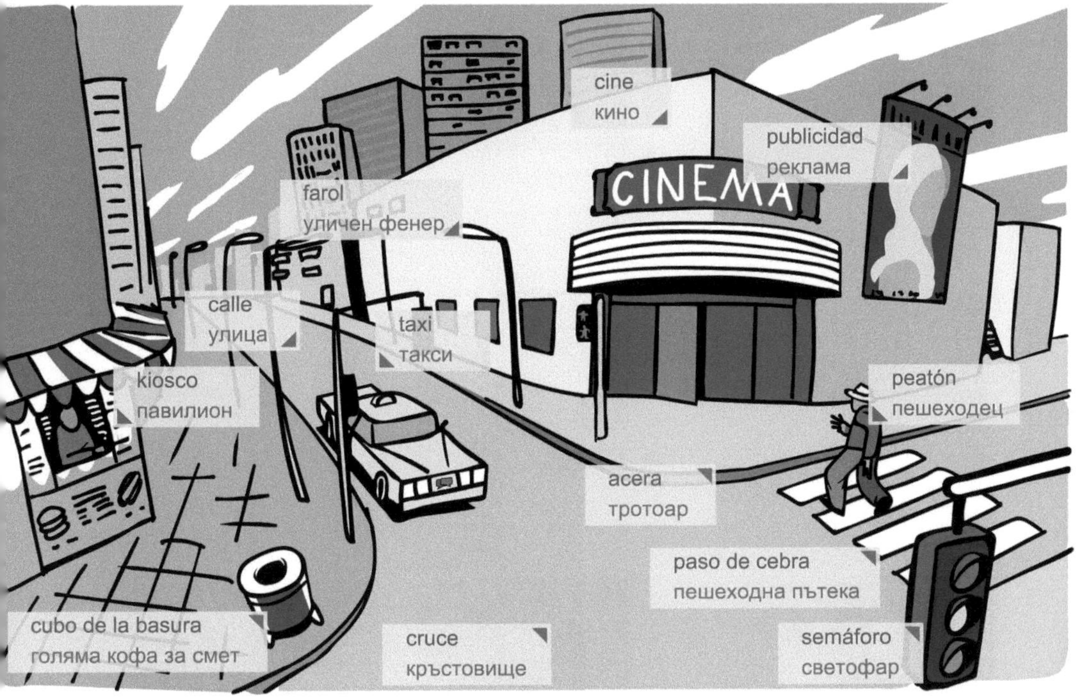

cine
кино

publicidad
реклама

farol
уличен фенер

CINEMA

calle
улица

taxi
такси

kiosco
павилион

peatón
пешеходец

acera
тротоар

paso de cebra
пешеходна пътека

cubo de la basura
голяма кофа за смет

cruce
кръстовище

semáforo
светофар

cabaña

хижа

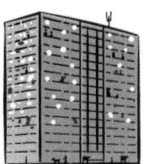

apartamento

жилище

estación de tren

гара

ayuntamiento

кметство

museo

музей

escuela

училище

universidad

университет

banco

банка

hospital

болница

hotel

хотел

farmacia

аптека

oficina

офис

librería

книжарница

negocio

магазин за цветя

florería

магазин за цветя

supermercado

супермаркет

mercado

пазар

grandes almacenes

универсален магазин

pescadería

търговец на риба

centro comercial

търговски център

puerto

пристанище

parque

парк

banco

пейка

puente

мост

escalera

стълба

metro

метро

túnel

тунел

parada de autobuses

автобусна спирка

bar

бар

restaurante

ресторант

buzón de correo

пощенска кутия

letrero

улична табелка

parquímetro

часовник за паркинг
престой

zoológico

зоологическа градина

piscina

плувен басейн

mezquita

джамия

ciudad - град

granja

селски двор

polución

замърсяване на околната среда

cementerio

гробище

iglesia

църква

parque infantil

детска площадка

templo

храм

paisaje
пейзаж

hoja
листо

indicador de camino
пътепоказател

sendero
път

pradera
ливада

piedra
камък

caminante
пътешественик

árbol
дърво

río
река

pasto
трева

flor
цвете

valle

долина

montaña

планина

lago

море

bosque

гора

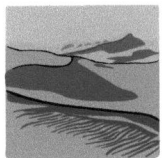

desierto

пустиня

volcán

вулкан

castillo

замък

arco iris

дъга

seta

гъба

palmera

палма

mosquito

комар

mosca

муха

hormiga

мравка

abeja

пчела

araña

паяк

paisaje - пейзаж

escarabajo

бръмбар

rana

жаба

ardilla

катеричка

erizo

таралеж

liebre

заек

lechuza

кукумявка

pájaro

птица

cisne

лебед

jabalí

диво прасе

ciervo

елен

alce

лос

embalse

бент

aerogenerador

вятърна турбина

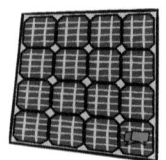

módulo solar

соларен модул

clima

климат

restaurante
ресторант

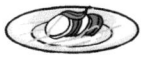

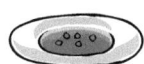

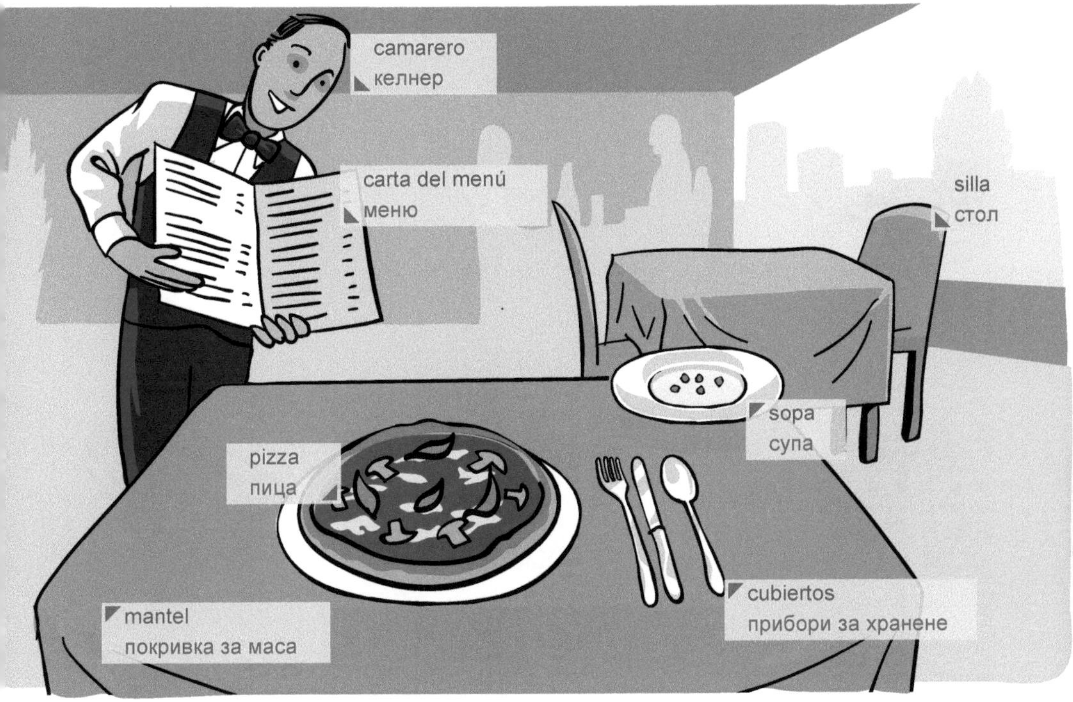
camarero
келнер
carta del menú
меню
silla
стол
sopa
супа
pizza
пица
cubiertos
прибори за хранене
mantel
покривка за маса

entrada

предястие

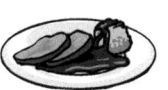

plato principal

основно ястие

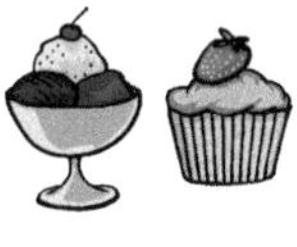

postre

десерт

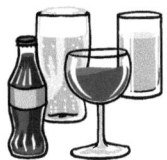

bebida

напитки

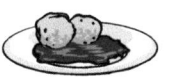

comida

ядене

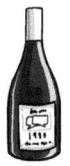

botella

бутилка

comida rápida

бързо хранене

comida callejera

улична храна

tetera

кана за чай

azucarera

кутия за захар

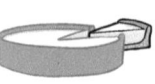

porción

порция

máquina de espresso

еспресо машина

silla alta

висок детски стол

factura

сметка

bandeja

табла

cuchillo

ножица за нокти

tenedor

вилица

cuchara

лъжица

cuchara de té

чаена лъжичка

servilleta

салфетка

vaso

стъклена чаша

plato

чиния

plato de sopa

чиния за супа

platillo

чинийка

salsa

сос

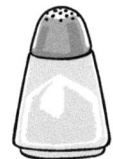

salero

солница

molinillo para pimienta

мелничка за черен пипер

vinagre

оцет

aceite

олио

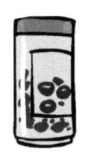

especias

подправки

ketchup

кетчуп

mostaza

горчица

mayonesa

майонеза

supermercado

супермаркет

oferta
оферта
FOR
cliente
клиент
productos lácteos
млечни продукти
fruta
плодове
carrito de compras
количка за покупки

BUTCHERS

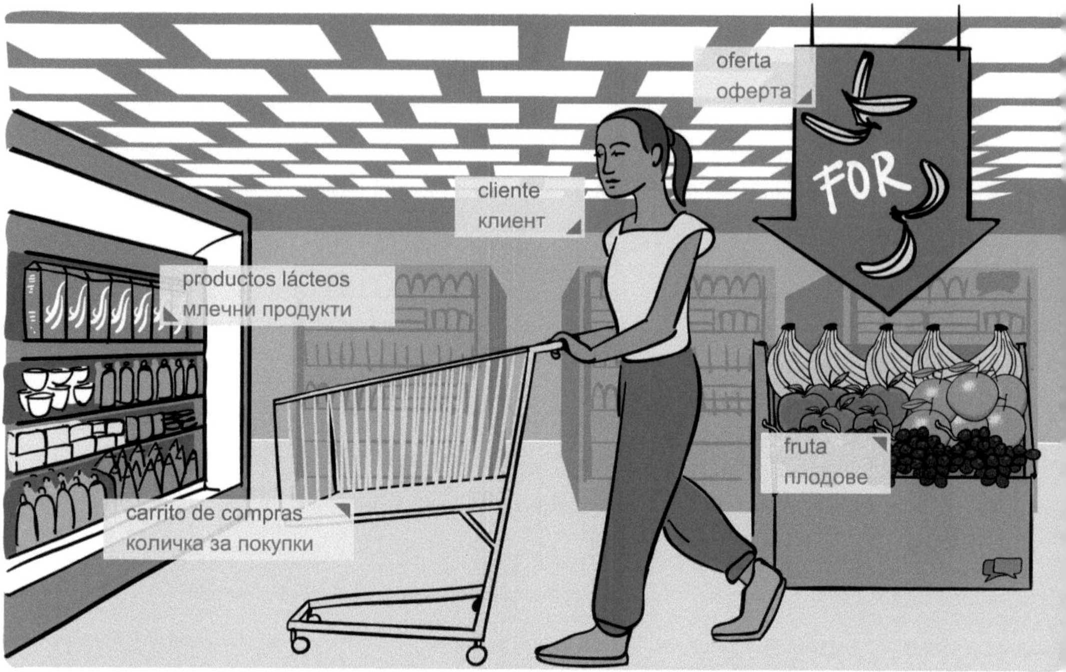

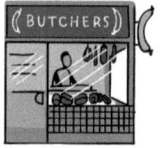

carnicería

кланица

BAKERY

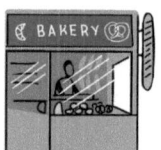

panadería

хлебарница

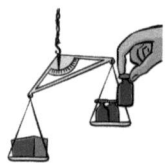

pesar

тегля

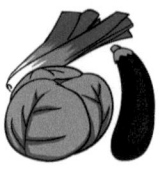

verdura

зеленчуци

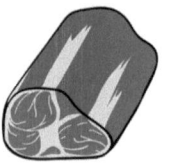

carne

месо

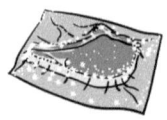

alimentos congelados

дълбоко замразена храна

fiambre

нарязан колбас или сирене

conservas

консерви

detergente en polvo

перилен препарат

dulces

лакомства

artículos domésticos

домакински изделия

productos de limpieza

почистващи препарати

vendedora

продавачка

caja

каса

cajero

касиер

lista de compras

списък на покупките

horario de atención

работно време

cartera

портфейл

tarjeta de crédito

кредитна карта

maleta

чанта

bolsa plástica

пластмасова торба

agua

вода

jugo

сок

leche

мляко

refresco de cola

кола

vino

вино

cerveza

бира

alcohol

алкохол

cacao

какао

té

чай

café

кафе машина

espresso

еспресо

cappuccino

капучино

banana

банан

manzana

ябълка

naranja

портокал

sandía

пъпеш

limón

лимон

zanahoria

морков

ajo

чесън

bambú

бамбук

cebolla

лук

seta

гъба

nueces

ядки

fideos

макарони

espagueti

спагети

arroz

ориз

ensalada

салата

patatas fritas

пържени картофи

patatas salteadas

печени картофи

pizza

пица

hamburguesa

хамбургер

sándwich

сандвич

escalope

шницел

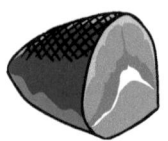

jamón

шунка

salame

траен колбас

embutido

салам

pollo

пиле

asado

печено

pescado

риба

copos de avena

овесени ядки

musli

мюсли

copos de maíz tostado

корнфлейкс

harina

брашно

croissant

кроасан

panecillo

хлебчета

pan

хляб

tostada

препечена филийка

galletas

бисквити

mantequilla

масло

cuajada

извара

pastel

сладкиш

huevo

яйце

huevo frito

яйца на очи

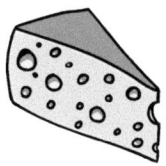

queso

сирене

helado

сладолед

azúcar

захар

miel

мед

mermelada

мармалад

praliné

нуга крем

curry

къри

granja

селски двор

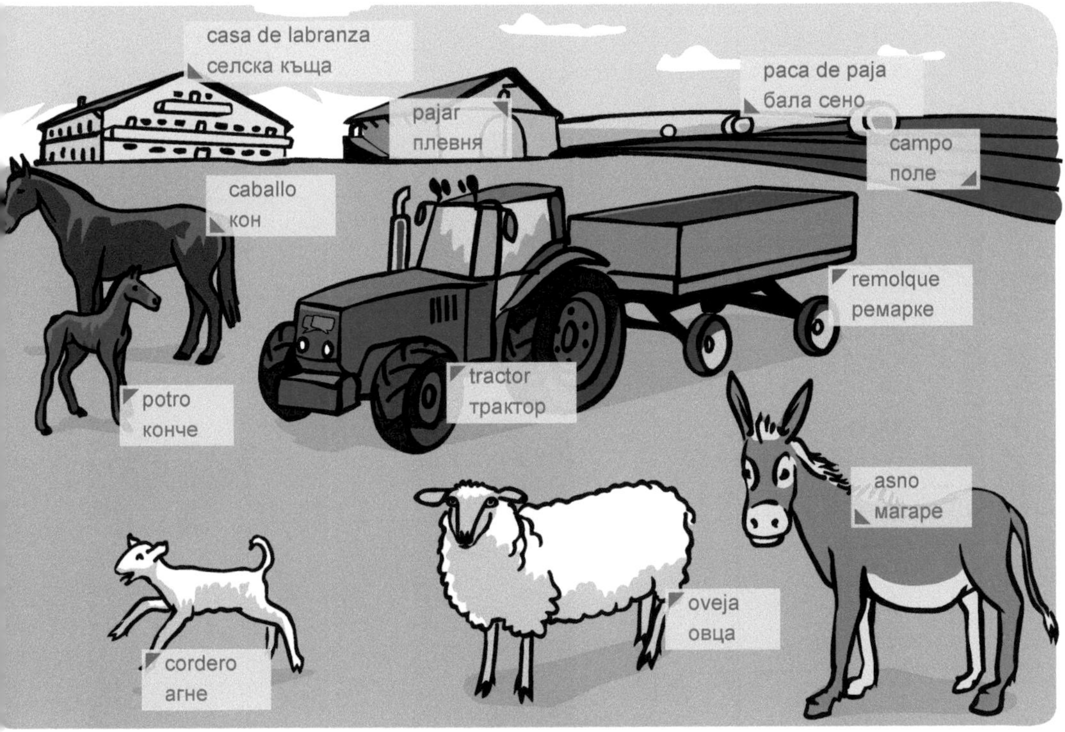
casa de labranza
селска къща
pajar
плевня
paca de paja
бала сено
campo
поле
caballo
кон
remolque
ремарке
tractor
трактор
potro
конче
asno
магаре
oveja
овца
cordero
агне

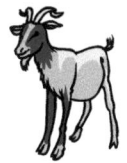

cabra

коза

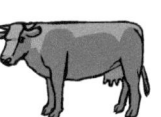

vaca

крава

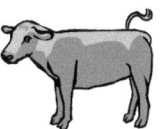

ternero

теле

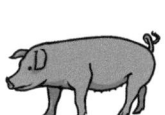

cerdo

свиня

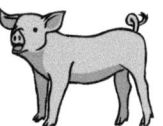

lechón

прасенце

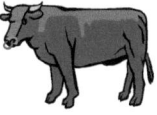

toro

бик

ganso

гъска

pato

патица

polluelo

пиленце

pollo

кокошка

gallo

петел

rata

плъх

gato

котка

ratón

мишка

buey

вол

perro

куче

caseta del perro

кучешка колиба

manguera de riego

градински маркуч

regadera

лейка

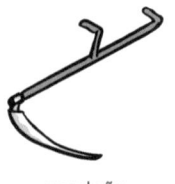

guadaña

коса

arado

плуг

hoz

сърп

azada

мотика

bieldo

вила за тор

hacha

брадва

carretilla

ръчна количка

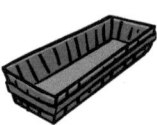

abrevadero

корито

lechera

съд за мляко

saco

чувал

cerca

ограда

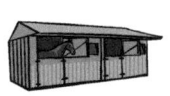

establo

обор

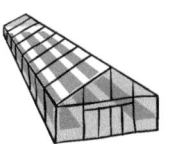

invernadero

парник

suelo

земя

semilla

сеитба

fertilizante

тор

cosechadora

комбайн

cosechar

жъна

cosecha

реколта

raíz de ñame

ямс

trigo

жито

soja

соя

patata

картоф

maíz

царевица

colza

рапица

Árbol frutal

овощно дърво

mandioca

маниока

cereales

зърнени храни

granja - селски двор

casa

къща

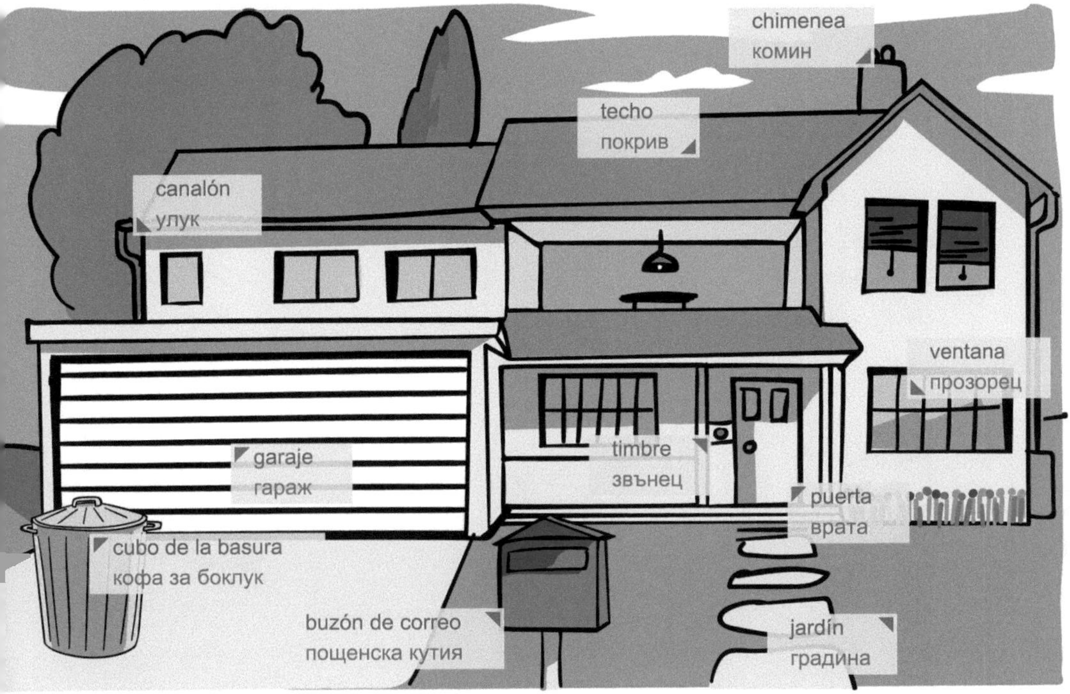

chimenea
комин
techo
покрив
canalón
улук
ventana
прозорец
garaje
гараж
timbre
звънец
puerta
врата
cubo de la basura
кофа за боклук
buzón de correo
пощенска кутия
jardín
градина

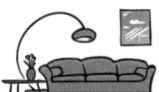

cuarto de estar

всекидневна

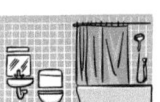

cuarto de baño

баня

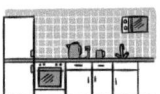

cocina

кухня

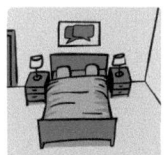

dormitorio

спалня

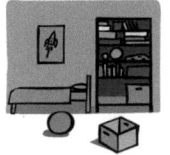

cuarto de los niños

детска стая

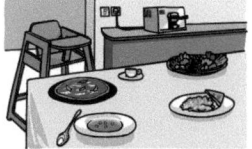

comedor

трапезария

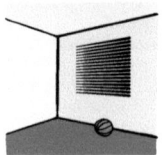

piso

под

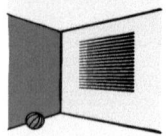

pared

стена

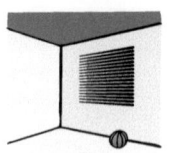

cielorraso

таван

sótano

изба

sauna

сауна

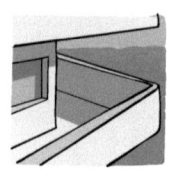

balcón

балкон

terraza

тераса

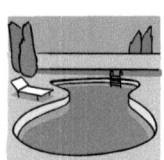

piscina

плувен басейн

cortacésped

косачка

funda nórdica

спално бельо

edredón

покривка за легло

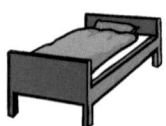

cama

легло

escoba

метла

cubo

кофа

interruptor

електрически ключ

cuarto de estar

всекидневна

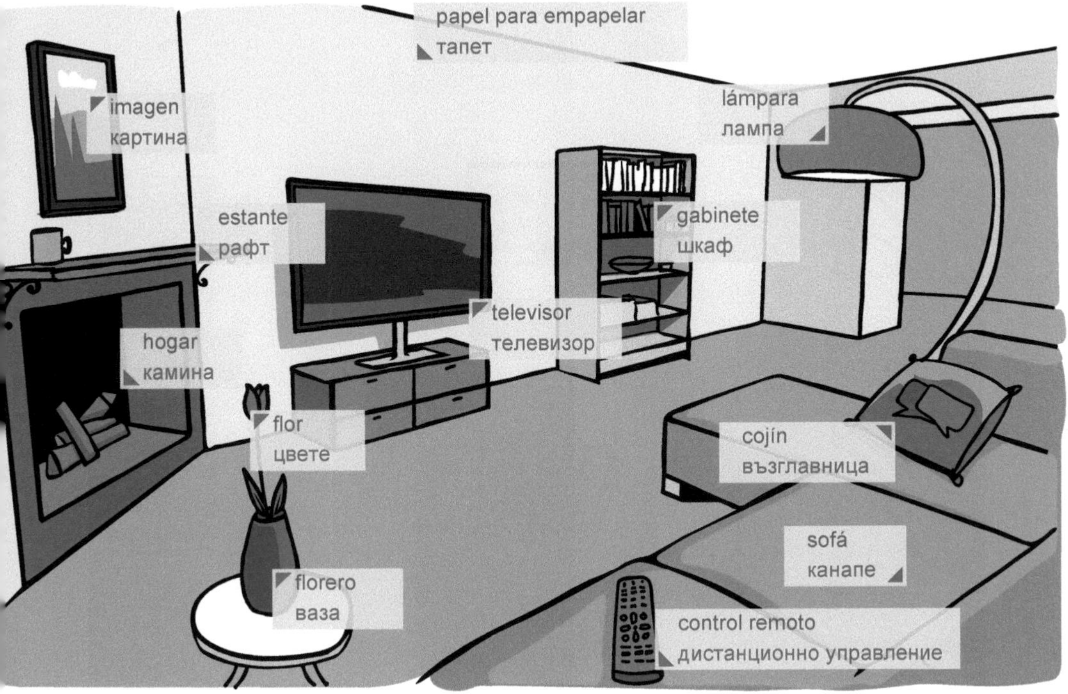
papel para empapelar
тапет
imagen
картина
lámpara
лампа
estante
рафт
gabinete
шкаф
televisor
телевизор
hogar
камина
flor
цвете
cojín
възглавница
sofá
канапе
florero
ваза
control remoto
дистанционно управление

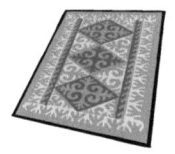

alfombra

килим

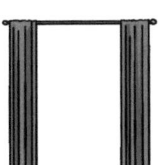

cortina

завеса

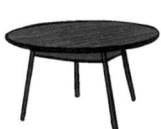

mesa

маса

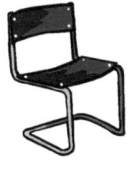

silla

стол

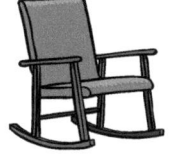

mecedora

люлеещ се стол

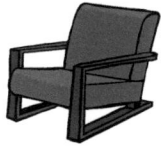

sillón

кресло

libro

книга

frazada

одеяло

decoración

декорация

leña

дърва за отопление

film

филм

equipo estereofónico

стерео уредба

llave

ключ

periódico

вестник

cuadro

живопис

póster

постер

radio

радио

bloc de notas

бележник

aspiradora

прахосмукачка

cactus

кактус

vela

свещ

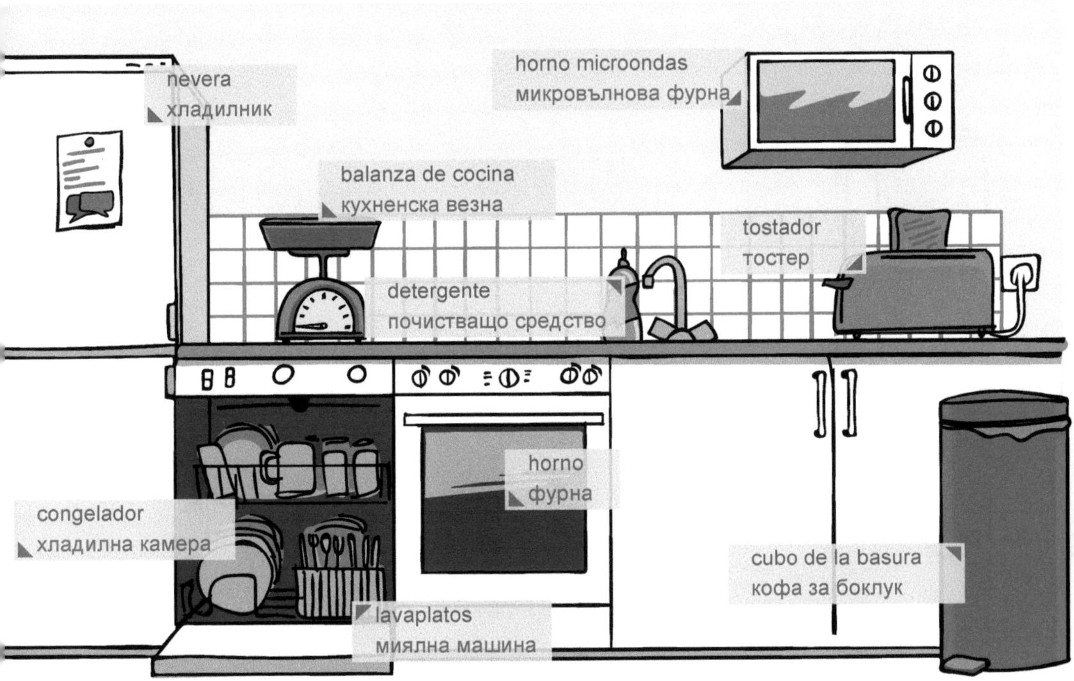

nevera
хладилник

horno microondas
микровълнова фурна

balanza de cocina
кухненска везна

tostador
тостер

detergente
почистващо средство

horno
фурна

congelador
хладилна камера

cubo de la basura
кофа за боклук

lavaplatos
миялна машина

cocina

готварска печка

olla

тенджера

olla de fundición de hierro

желязна тенджера

wok / kadai

уок / кадаи

sartén

тиган

hervidor de agua

кана за затопляне на вода

olla de vapor

уред за готвене на пара

bandeja de horno

тава за печене

vajilla

съдове

vaso

чаша

bol

купа

palillos para comer

клечки за хранене

cucharón de sopa

черпак

espátula

лопатка за тиган

batidor

тел за разбиване (на яйца, белтъци)

colador

кошница за варене

cedazo

гевгир

rallador

ренде

mortero

хаван

parrillada

барбекю

fogata

огнище

tabla de picar
дъска

rodillo
точилка

sacacorchos
тирбушон

lata
кутия

abrelatas
отварачка за консерви

agarrador
кухненска ръкохватка

fregadero
мивка

cepillo
четка

esponja
гъба

batidora
миксер

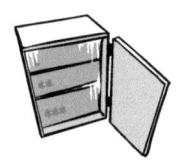

arcón congelador
фризер

biberón
бебешко шише

grifo
воден кран

cuarto de baño

баня

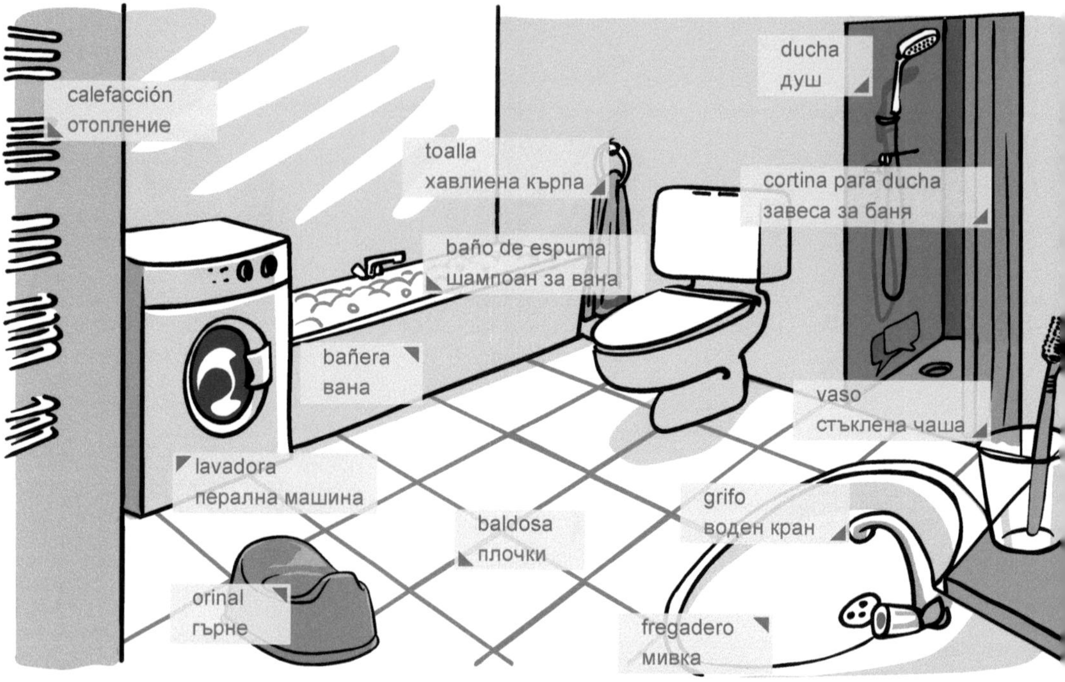
ducha
душ
calefacción
отопление
toalla
хавлиена кърпа
cortina para ducha
завеса за баня
baño de espuma
шампоан за вана
bañera
вана
vaso
стъклена чаша
lavadora
перална машина
grifo
воден кран
baldosa
плочки
orinal
гърне
fregadero
мивка

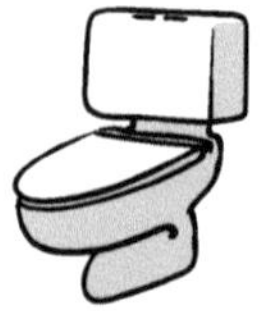

cuarto de baño

тоалетна

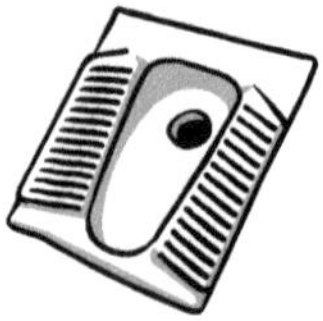

placa turca

клекало

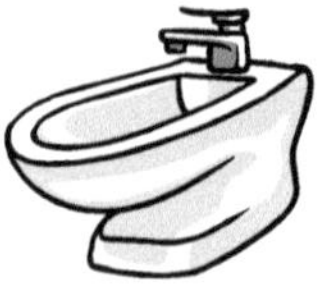

bidé

биде

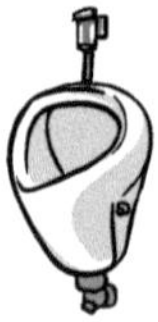

urinario

писоар

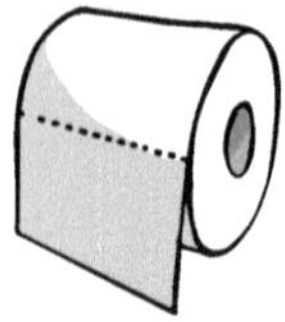

papel higiénico

тоалетна хартия

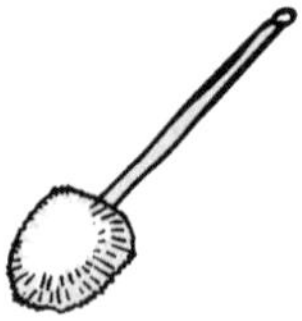

escobilla para el cuarto de baño

четка за тоалетна

cepillo de dientes

четка за зъби

pasta dentífrica

паста за зъби

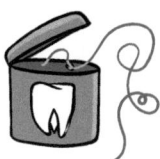

seda dental

конец за зъби

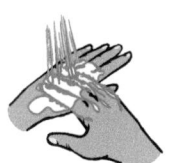

lavar

мия

ducha teléfono

ръчен душ

ducha higiénica

интимен душ

cuenco

леген

cepillo para la espalda

четка за гръб

jabón

сапун

gel de ducha

душ гел

champú

шампоан за вана

manopla para baño

гъба за баня

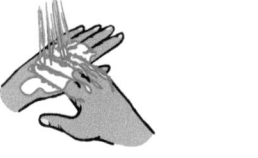

desagüe

сифон

crema

крем

desodorante

дезодорант

espejo

огледало

espejo de maquillaje

козметично огледало

máquina de afeitar

ръчна самобръсначка

espuma de afeitar

пяна за бръснене

loción para después del afeitado

одеколон за след бръснене

peine

гребен

cepillo

четка

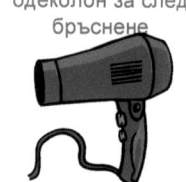

secador para cabello

сешоар

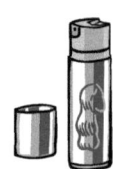

laca de peinado

спрей за коса

maquillaje

грим

lápiz labial

червило

laca para uñas

лак за нокти

algodón

памук

tijera para uñas

ножица за нокти

perfume

парфюм

neceser

тоалетна чантичка

taburete

табуретка

balanza

везна

bata de baño

хавлия

guantes de goma

домакински ръкавици

tampón

тампон

compresa

дамски превръзки

wáter químico

химическа тоалетна

cuarto de los niños

детска стая

despertador
будилник
animal de peluche
плюшена играчка
auto de juguete
автомобил играчка
sonajero
дрънкалка
casa de muñecas
къща за кукли
obsequio
подарък

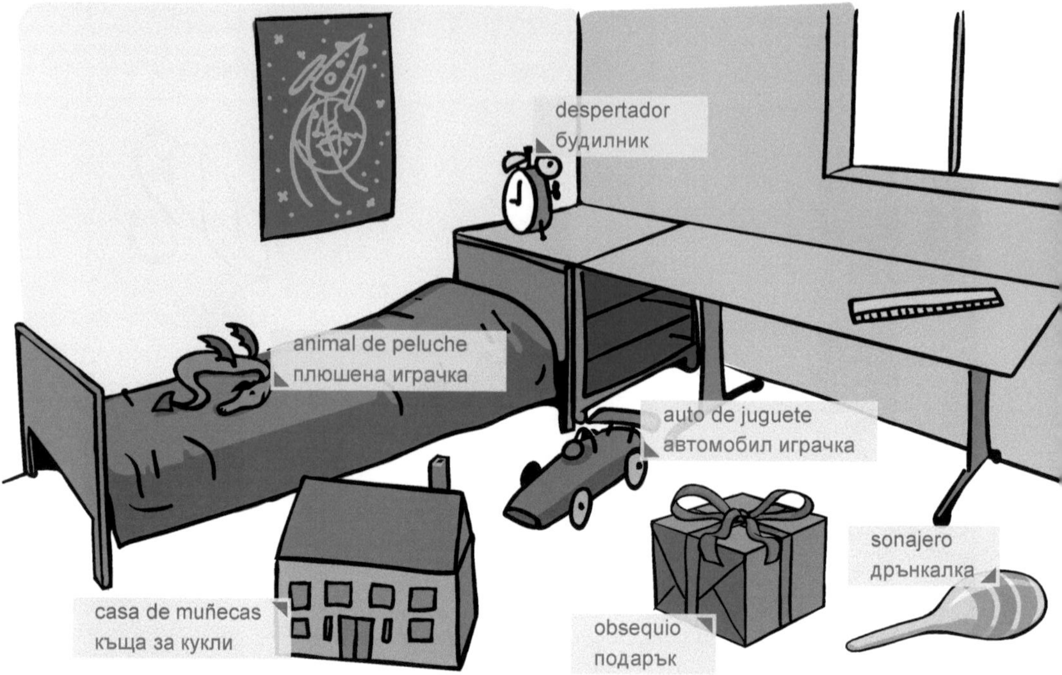

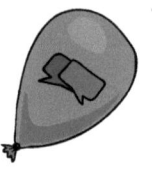

globo

балон

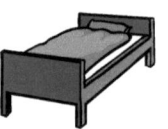

cama

легло

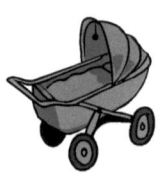

cochecito para niños

детска количка

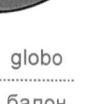

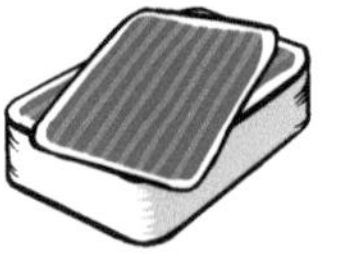

juego de barajas

игра на карти

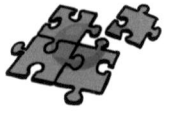

rompecabezas

пъзел

cómic

комикс

piezas de Lego
лего елементи

bloques para jugar
строителни елементи

figura de acción
екшън фигурка

pijama de una pieza
бебешки гащеризон

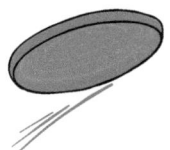

frisbee
фрисби

móvil
бебешки играчки за легло

juego de mesa
настолна игра

dado
зарче

tren eléctrico a escala
миниатюрно влакче

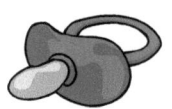

chupete
биберон

fiesta
парти

libro de dibujos
детска книга с илюстрации

pelota
топка

títere
кукла

jugar
играя

arenero

пясъчник

columpio

люлка

juguetes

играчка

consola de videojuego

игрова конзола

triciclo

велосипед с три колелета

osito de peluche

плюшено мече

guardarropa

гардероб

vestimenta

облекло

calcetines

къси чорапи

medias

дълги чорапи

panti

чорапогащник

chal
шал

paraguas
чадър

camiseta
Т-шърт

cinturón
колан

botas
ботуши

zapatilla
пантофи

deportivas
гуменки

sandalias
сандали

zapatos
обувки

botas de goma
гумени ботуши

ropa interior
слип

corpiño
сутиен

camiseta
долна блуза

body

боди

pantalón

панталон

jeans

дънки

falda

пола

blusa

блуза

camisa

риза

pullover

пуловер

sweater

суичър

blazer

блейзър

chaqueta

яке

abrigo

палто

impermeable

дъждобран

traje chaqueta

костюм

vestido

рокля

vestido de bodas

булчинска рокля

traje

костюм

camisón

нощница

pijama

пижама

sari

сари

pañuelo de cabeza

кърпа за глава

turbante

тюрбан

burka

бурка

caftán

кафтан

abaya

абая

traje de baño

бански костюм

bañador

плувни шорти

shorts

къс панталон

chándal

анцуг

delantal

престилка

guante

ръкавици

botón

копче

gafa

очила

brazalete

гривна

cadena

верижка

anillo

пръстен

aro

обеца

gorra

каскет

percha

закачалка

sombrero

шапка

corbata

вратовръзка

cierre a cremallera

цип

casco

каска

tiradores

тиранти

uniforme escolar

ученическа униформа

uniforme

униформа

babero
....
лигавник

chupete
....
биберон

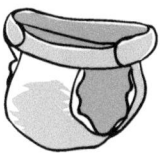

pañal
....
пелена

oficina
офис

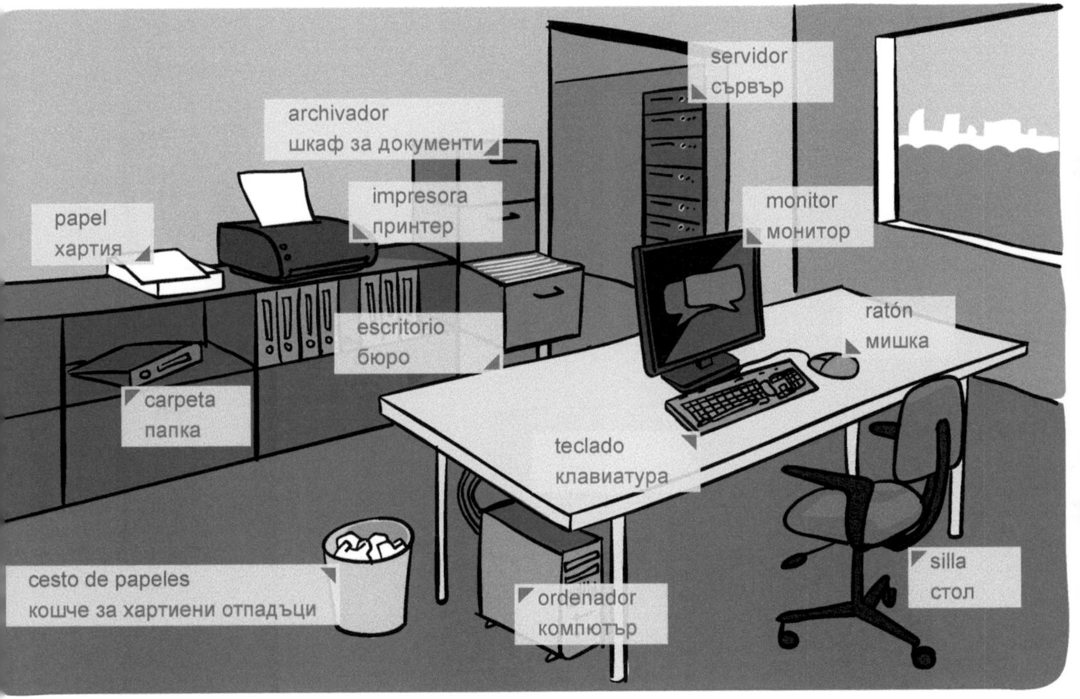

servidor
сървър

archivador
шкаф за документи

impresora
принтер

papel
хартия

monitor
монитор

ratón
мишка

escritorio
бюро

carpeta
папка

teclado
клавиатура

cesto de papeles
кошче за хартиени отпадъци

ordenador
компютър

silla
стол

taza de café
....
чаша за кафе

calculadora
....
джобен калкулатор

internet
....
интернет

laptop

лаптоп

carta

писмо

mensaje

съобщение

teléfono móvil

мобилен телефон

red

мрежа

fotocopiadora

ксерокс

software

софтуер

teléfono

телефон

tomacorriente

контакт

máquina de fax

факс

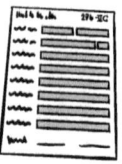

formulario

формуляр

documento

документ

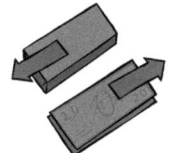

comprar

купувам

pagar

плащам

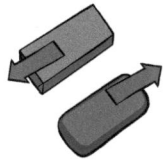

comerciar

търгувам

dinero

пари

dólar

долар

euro

евро

yen

йена

rublo

рубла

franco

швейцарски франк

renminbi

ренминби юан

rupia

рупия

cajero automático

банкомат

casa de cambio

обменно бюро

oro

злато

plata

сребро

petróleo

нефт

energía

енергия

precio

цена

contrato

договор

impuesto

данък

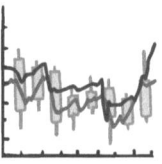

acción

акция

trabajar

работя

empleado

служител

empleador

работодател

fábrica

фабрика

negocio

магазин за цветя

ocupaciones
професии

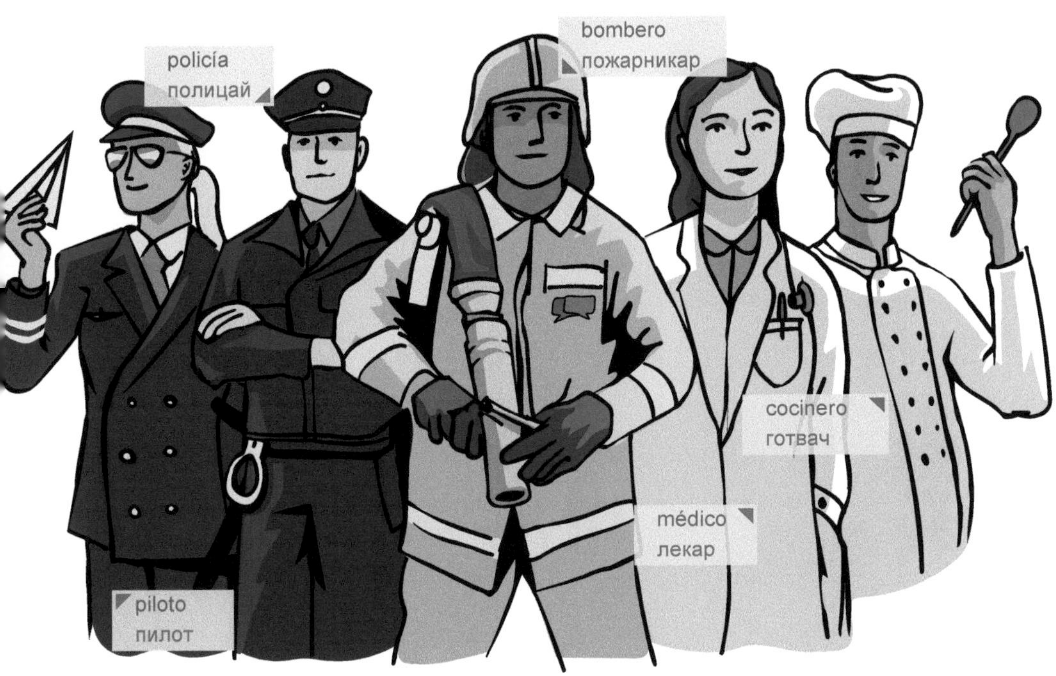
bombero
пожарникар
policía
полицай
cocinero
готвач
médico
лекар
piloto
пилот

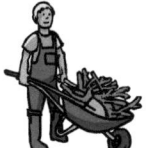

jardinero
градинар

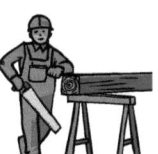

carpintero
мебелист

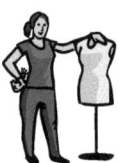

costurera
шивачка

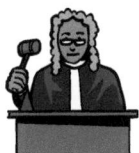

juez
съдия

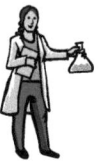

químico
химик

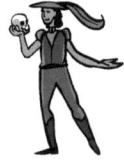

actor
артист

conductor de autobús

шофьор на автобус

taxista

шофьор на такси

pescador

рибар

mujer de la limpieza

чистачка

techista

майстор на покриви

camarero

келнер

cazador

ловец

pintor

художник

panadero

хлебар

electricista

електротехник

albañil

строителен работник

ingeniero

инженер

carnicero

касапин

fontanero

тенекеджия

cartero

пощальон

soldado

войник

arquitecto

архитект

cajero

касиер

florista

цветар

peluquero

фризьор

cobrador

кондуктор

mecánico

механик

capitán

капитан

odontólogo

зъболекар

científico

научен работник

rabino

равин

imam

имàм

monje

монах

párroco

свещеник

herramientas
инструменти

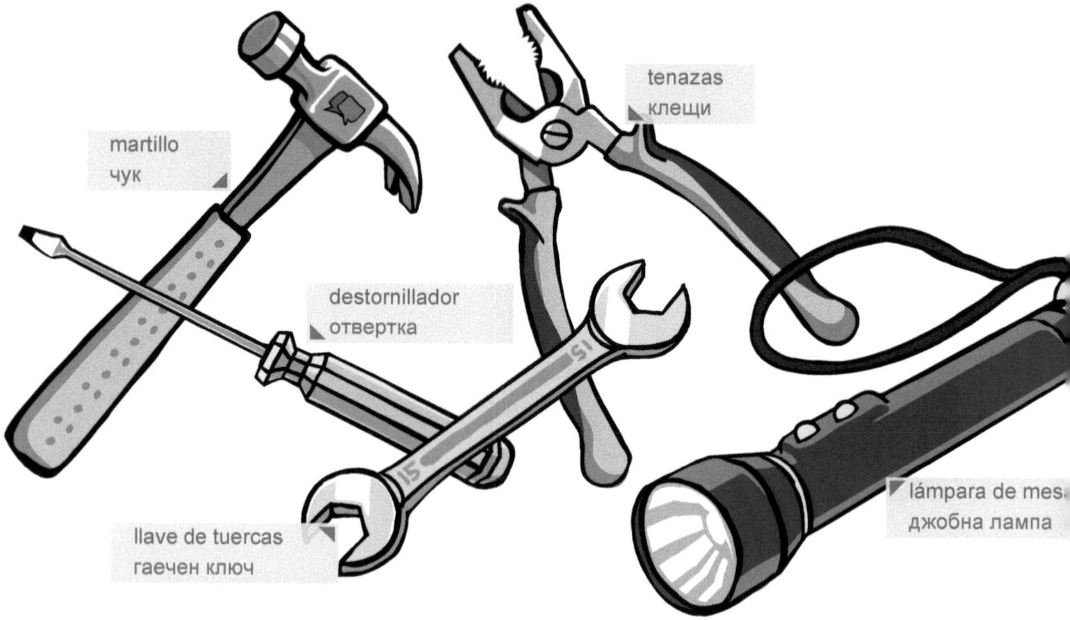
tenazas
клещи
martillo
чук
destornillador
отвертка
lámpara de mes
джобна лампа
llave de tuercas
гаечен ключ

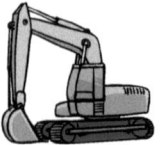

excavadora

багер

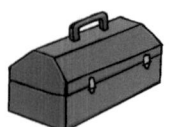

caja de herramientas

кутия за инструменти

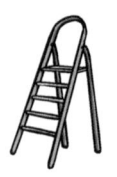

escalerilla

стълба

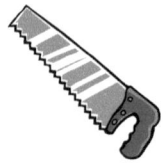

serrucho

трион

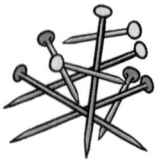

clavos

пирони

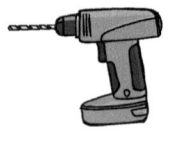

taladro

бормашина

reparar
ремонтирам

pala
лопата

¡Maldición!
По дяволите!

recogedor
лопатка за смет

lata de pintura
кутия за боя

tornillos
болтове

instrumentos musicales
музикални инструменти

altavoz
високоговорител

batería
ударни инструменти

guitarra
китара

contrabajo
контрабас

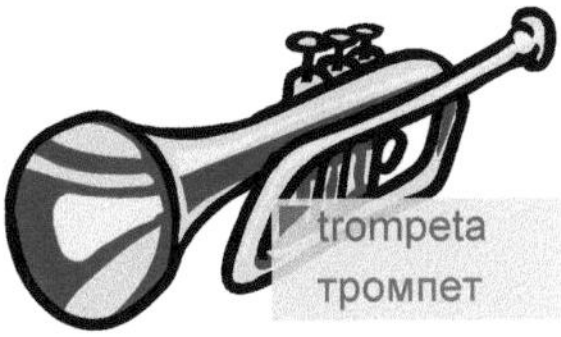

trompeta
тромпет

piano

пиано

violín

виолина

bajo

контрабас

timbales

тимпан

tambor

барабан

teclado

електрическо пиано

saxofón

саксофон

flauta

флейта

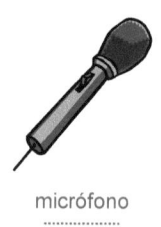

micrófono

микрофон

zoológico

зоологическа градина

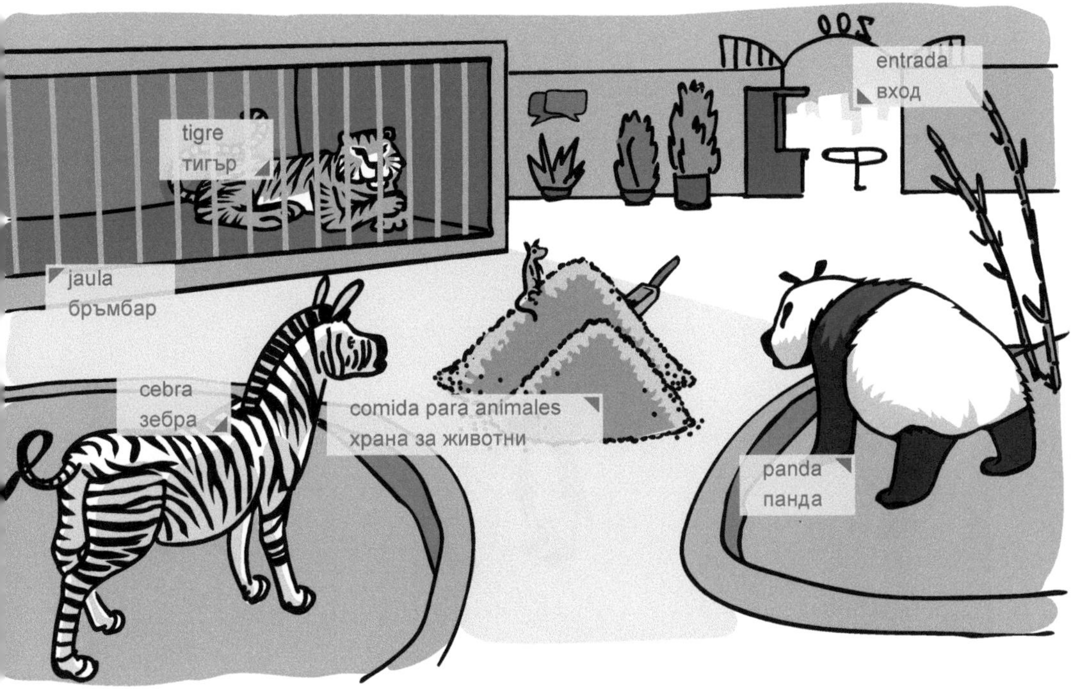

entrada
вход
tigre
тигър
jaula
бръмбар
cebra
зебра
comida para animales
храна за животни
panda
панда

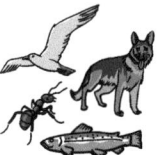

animales
животни

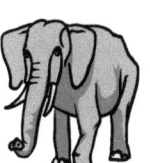

elefante
слон

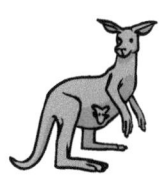

canguro
кенгуру

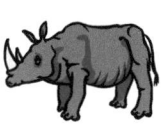

rinoceronte
носорог

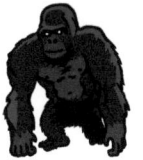

gorila
горила

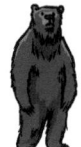

oso
мечка

camello

камила

avestruz

щраус

león

лъв

mono

маймуна

flamengo

фламинго

papagayo

папагал

oso polar

бяла мечка

pingüino

пингвин

tiburón

акула

pavo real

паун

serpiente

змия

cocodrilo

крокодил

cuidador del zoológico

пазач в зоологическа градина

foca

тюлен

jaguar

ягуар

zoológico - зоологическа градина

pony

пони

leopardo

леопард

hipopótamo

хипопотам

jirafa

жираф

águila

орел

jabalí

диво прасе

pescado

риба

tortuga

костенурка

morsa

морж

zorro

лисица

gacela

газела

fútbol americano
американски футбол

ciclismo
колоездене

tenis
тенис

baloncesto
баскетбол

natación
плуване

hockey sobre hielo
хокей на лед

boxeo
бокс

fútbol
футбол

badminton
бадминтон

atletismo
лека атлетика

balonmano
хандбал

esquí
ски бягане

polo
поло

actividades

дейности

reír
смея се
saltar
скачам
abrazar
прегръщам
caminar
вървя
cantar
пея
soñar
сънувам
rezar
моля се
besar
целувам

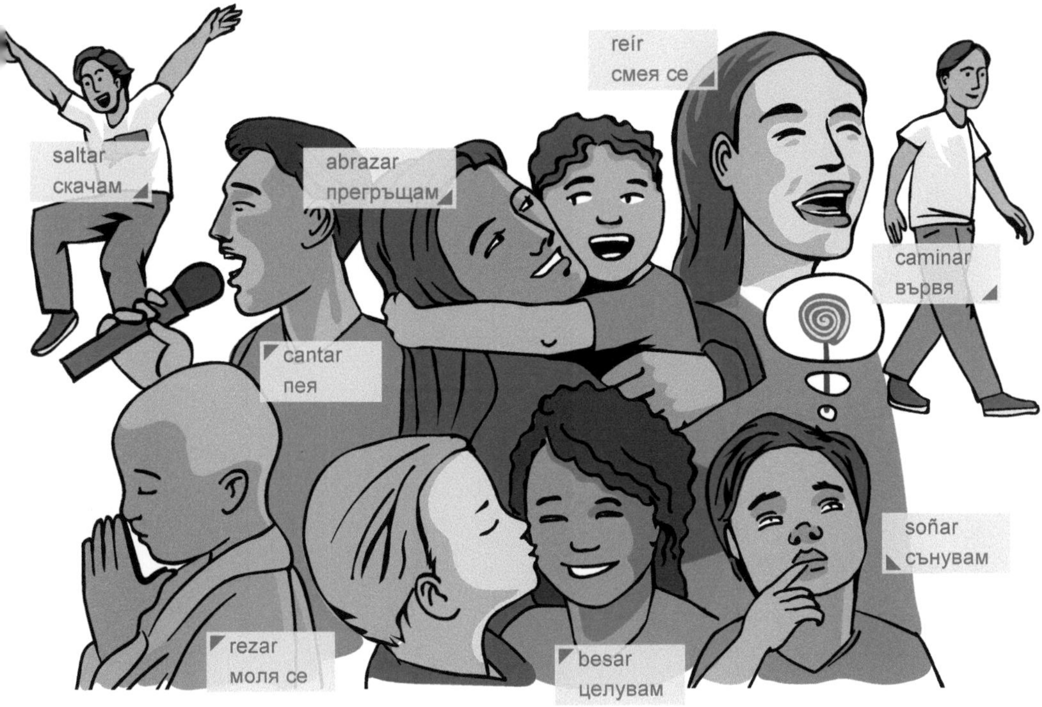

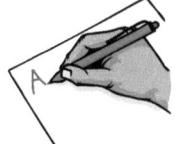

escribir

пиша

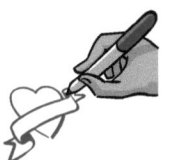

dibujar

рисувам

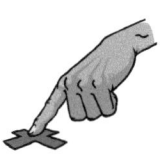

mostrar

показвам

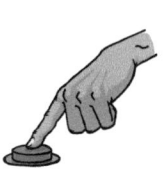

presionar

бутам

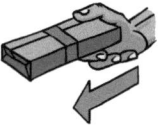

dar

давам

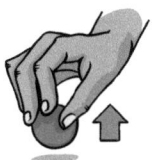

tomar

взимам

tener

имам

hacer

правя

ser

съм

estar de pie

стоя

correr

тичам

tirar

дърпам

arrojar

хвърлям

caer

падам

estar acostado

лежа

esperar

чакам

llevar

нося

estar sentado

седя

vestirse

обличам

dormir

спя

despertar

събуждам се

mirar

разглеждам

llorar

плача

acariciar

милвам

peinarse

реша се

conversar

говоря

entender

разбирам

preguntar

питам

oír

слушам

beber

пия

comer

ям

asear

разтребвам

amar

обичам

cocinar

готвя

conducir

карам автомобил

volar

летя

navegar

плавам (с платна)

calcular

смятане

leer

чета

aprender

уча

trabajar

работя

casarse

женя се

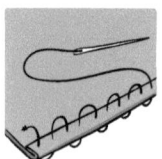

coser

шия

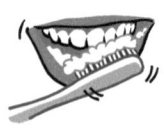

limpiarse los dientes

измивам си зъбите

matar

убивам

fumar

пуша

enviar

изпращам

familia

семейство

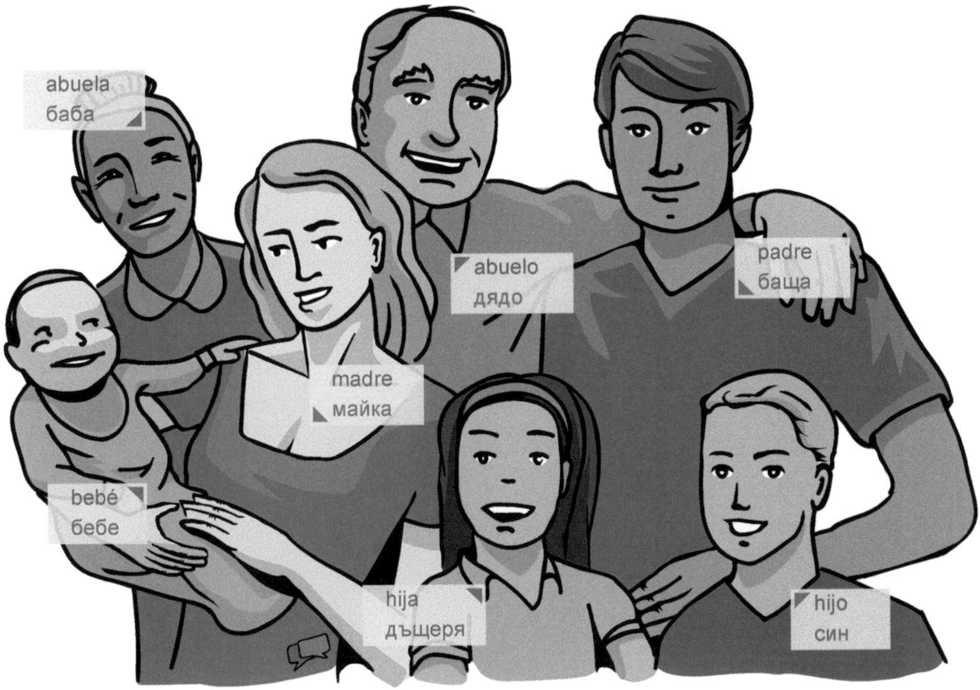
abuela
баба
abuelo
дядо
padre
баща
madre
майка
bebé
бебе
hija
дъщеря
hijo
син

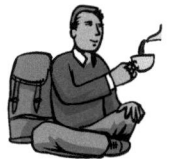

invitado

посетител

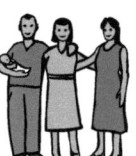

tía

леля

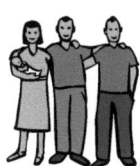

tío

чичо

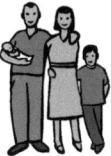

hermano

брат

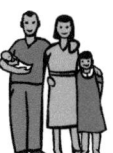

hermana

сестра

cuerpo

тяло

frente
чело
ojo
око
hombro
рамо
dedo
пръст
cara
лице
barbilla
брадичка
mano
ръка
pierna
крак
pecho
гърди
brazo
ръка

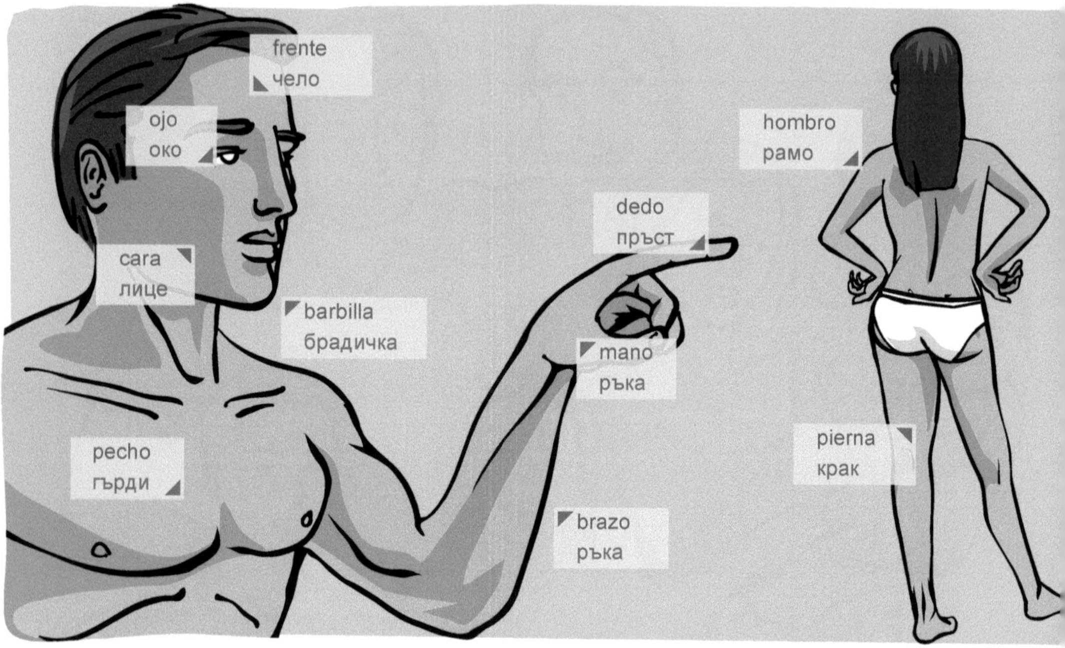

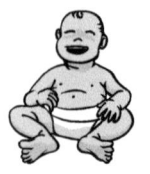

bebé

бебе

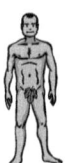

hombre

мъж

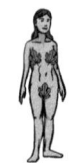

mujer

жена

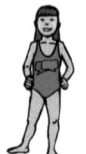

muchacha

момиче

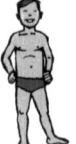

joven

момче

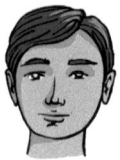

cabeza

глава

espalda

гръб

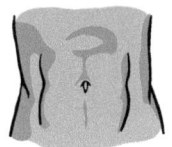

vientre

корем

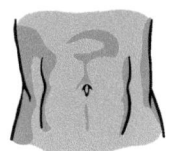

ombligo

пъп

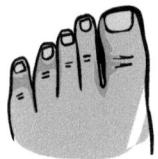

dedo del pie

пръст на крака

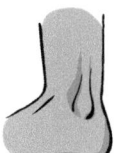

talón

пета

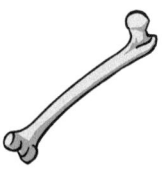

hueso

кост

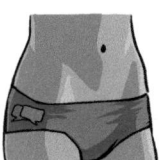

cadera

хълбок

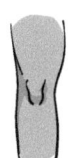

rodilla

коляно

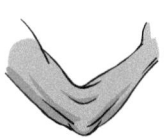

codo

лакът

nariz

нос

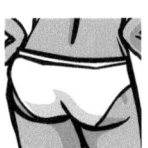

trasero

седалище

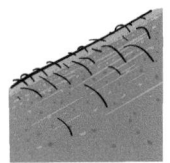

piel

кожа

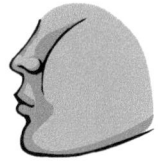

mejilla

буза

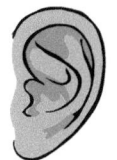

oreja

ухо

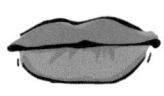

labio

устна

cuerpo - тяло

boca

уста

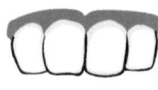

diente

зъб

lengua

език

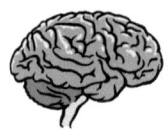

cerebro

мозък

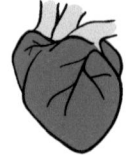

corazón

сърце

músculo

мускул

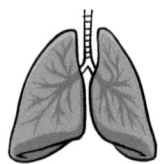

pulmón

бял дроб

hígado

черен дроб

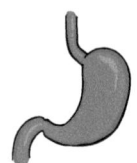

estómago

стомах

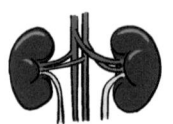

riñones

бъбреци

relación sexual

полово сношение

condón

кондом

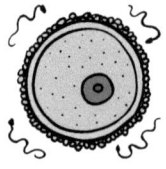

Óvulo

яйцеклетка

esperma

сперма

embarazo

бременност

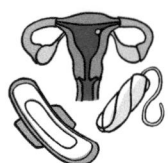

menstruación
....
менструация

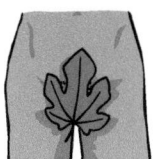

vagina
....
вагина

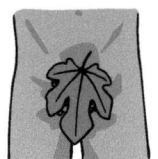

pene
....
пенис

ceja
....
вежда

cabello
....
коса

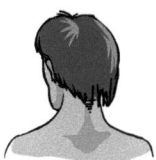

cuello
....
шия

hospital
болница

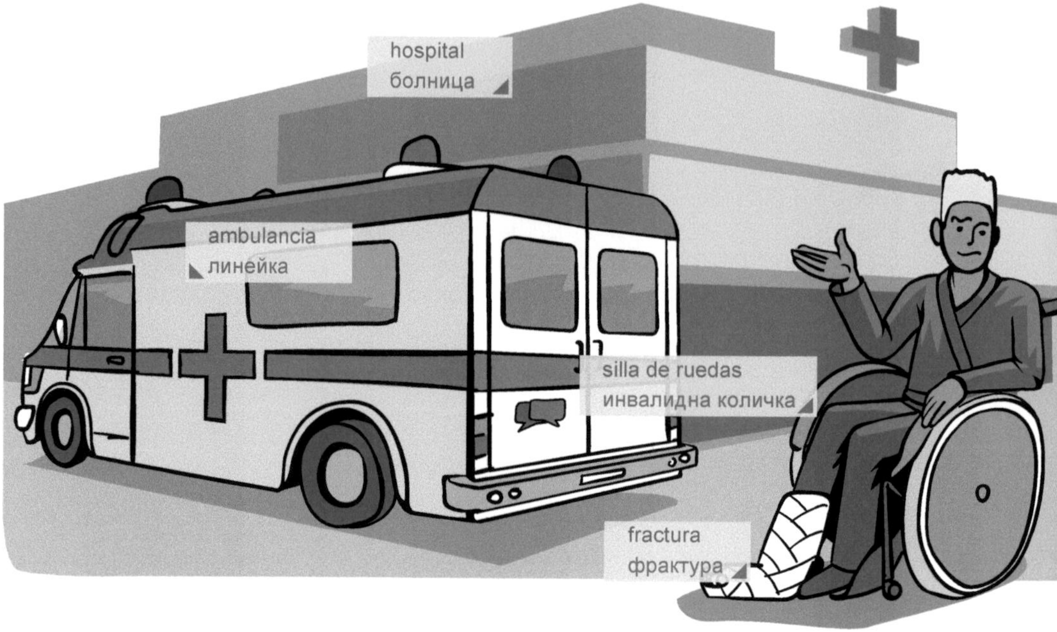

hospital
болница
ambulancia
линейка
silla de ruedas
инвалидна количка
fractura
фрактура

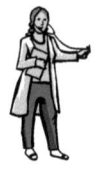

médico

лекар

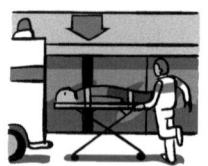

admisión de urgencia

спешна хоспитализация

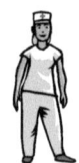

enfermera

медицинска сестра

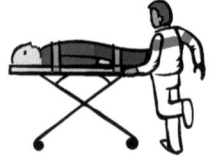

emergencia

спешен случай

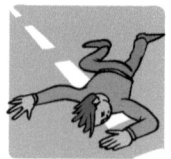

inconsciente

в безсъзнание

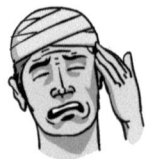

dolor

болка

lesión

нараняване

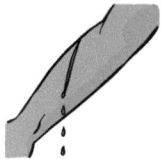

hemorragia

кървене

infarto de miocardio

инфаркт

apoplejía cerebral

инсулт

alergia

алергия

tos

кашлица

fiebre

температура

gripe

грип

diarrea

диария

dolor de cabeza

главоболие

cáncer

рак

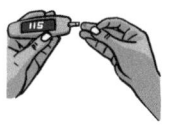

diabetes

диабет

cirujano

хирург

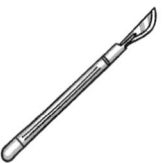

escalpelo

скалпел

operación

операция

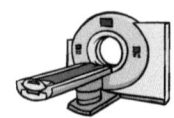

TC
компютърна томография

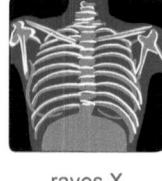

rayos X
рентген

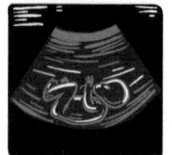

ultrasonido
ултразвук

máscara
маска

enfermedad
болест

sala de espera
чакалня

muleta
патерица

emplasto
пластир

vendaje
превръзка

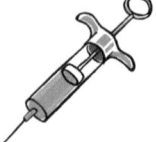

inyección
инжекция

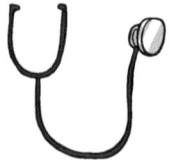

estetoscopio
стетоскоп

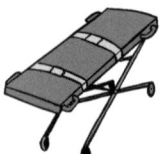

camilla
носилка

termómetro
термометър

nacimiento
раждане

sobrepeso
наднормено тегло

audífono

слухов апарат

desinfectante

дезинфекционно средство

infección

инфекция

virus

вирус

VIH / SIDA

HIV / AIDS

medicina

медицина

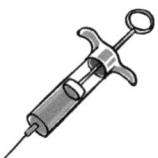

vacunación

ваксинация

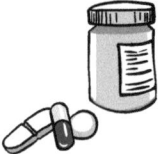

comprimido

таблети

píldora anticonceptiva

противозачатъчна таблетка

llamada de emergencia

спешно телефонно обаждане

medidor de presión arterial

апарат за измерване на кръвното налягане

enfermo / saludable

болен / здрав

¡Ayuda!

Помощ!

alarma

сигнал за тревога

asalto

нападение

ataque

атака

peligro

опасност

salida de emergencia

авариен изход

¡Fuego!

Пожар!

extintor

пожарогасител

accidente

злополука

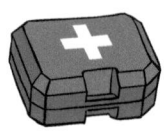

kit de primeros auxilios

комплект за оказване на
първа помощ

SOS

SOS

Policía

полиция

Europa

Европа

América del Norte

Северна Америка

América del Sur

Южна Америка

África

Африка

Asia

Азия

Australia

Австралия

Atlántico

Атлантически океан

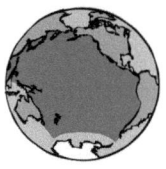

Pacífico

Тихи океан

Océano Índico

Индийски океан

Océano Antártico

Южен ледовит океан

Océano Ártico

Северен ледовит океан

Polo Norte

Северен полюс

Polo Sur

Южен полюс

Antártida

Антарктида

Tierra

Земя

país

суша

mar

море

isla

остров

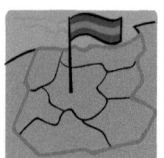

nación

нация

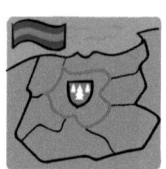

Estado

държава

cuadrante

циферблат

horario

стрелка на часовете

minutero

стрелка на минутите

segundero

стрелка на секундите

¿Qué hora es?

Колко е часът?

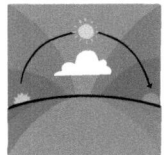

día

ден

tiempo

време

ahora

сега

reloj digital

дигитален часовник

minuto

минута

hora

час

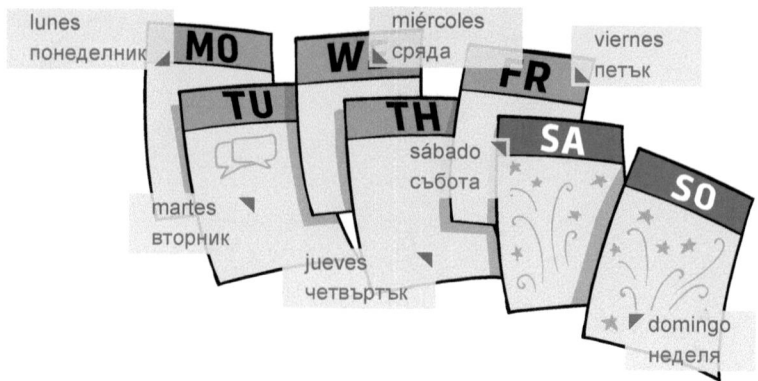

lunes / понеделник
martes / вторник
miércoles / сряда
jueves / четвъртък
viernes / петък
sábado / събота
domingo / неделя

ayer

вчера

hoy

днес

mañana

утре

mañana

сутрин

mediodía

обед

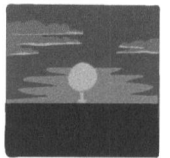

tarde

вечер

MO	TU	WE	TH	FR	SA	SU
1	2	3	4	5	6	7
8	9	10	11	12	13	14
15	16	17	18	19	20	21
22	23	24	25	26	27	28
29	30	31	1	2	3	4

jornada de trabajo

работни дни

MO	TU	WE	TH	FR	SA	SU
1	2	3	4	5	6	7
8	9	10	11	12	13	14
15	16	17	18	19	20	21
22	23	24	25	26	27	28
29	30	31	1	2	3	4

fin de semana

уикенд

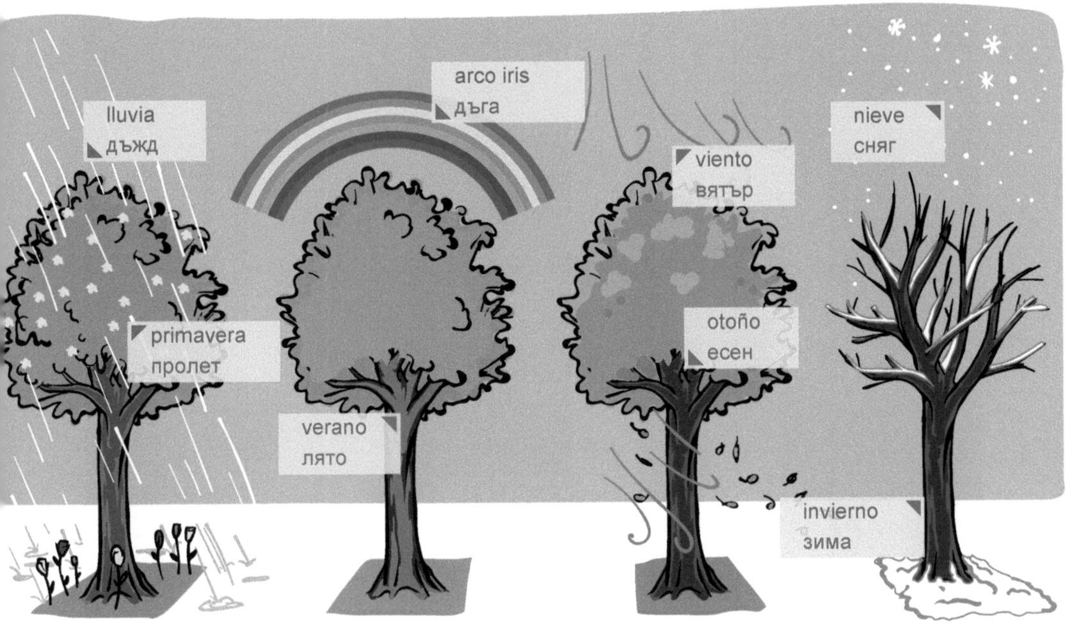

lluvia
дъжд

arco iris
дъга

viento
вятър

nieve
сняг

primavera
пролет

otoño
есен

verano
лято

invierno
зима

4.APRIL	11°	☀
5.APRIL	4°	🌧
6.APRIL	13°	⛈
7.APRIL	8°	❄
8.APRIL	10°	☀

pronóstico meteorológico

прогноза за времето

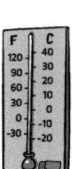

termómetro

термометър

luz solar

слънчева светлина

nube

облак

niebla

мъгла

humedad ambiente

влажност на въздуха

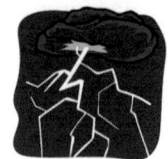

relámpago

светкавица

trueno

гръмотевица

tormenta

буря

granizo

градушка

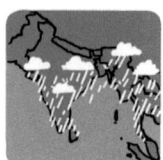

monzón

мусон

inundación

наводнение

hielo

лед

enero

януари

febrero

февруари

marzo

март

abril

април

mayo

май

junio

юни

julio

юли

agosto

август

año - година

septiembre

септември

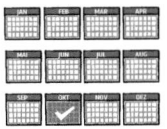

octubre

октомври

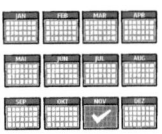

noviembre

ноември

diciembre

декември

formas

форми

círculo

кръг

cuadrado

квадрат

rectángulo

четириъгълник

triángulo

триъгълник

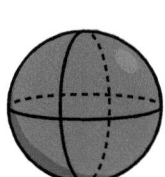

esfera

сфера

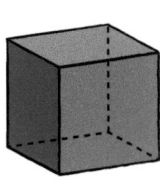

cubo

куб

blanco

бял

amarillo

жълт

anaranjado

оранжев

rosa

розов

rojo

червен

lila

лилав

azul

син

verde

зелен

marrón

кафяв

gris

сив

negro

черен

mucho / poco

много / малко

enojado / calmado

ядосан / спокоен

bonito / feo

красив / грозен

comienzo / fin

начало / край

grande / pequeño

голям / малък

claro / oscuro

светъл / тъмен

hermano / hermana

брат / сестра

limpio / sucio

чист / мръсен

completo / incompleto

пълен / непълен

día / noche

ден / нощ

muerto / vivo

мъртъв / жив

ancho / angosto

широк / тесен

disfrutable / no disfrutable

ядлив / неядлив

malo / amigable

сърдит / любезен

excitado / aburrido

развълнуван / скучаещ

gordo / delgado

дебел / тънък

primero / último

най-напред / най-накрая

amigo / enemigo

приятел / враг

lleno / vacío

пълен / празен

duro / suave

твърд / мек

pesado / liviano

тежък / лек

hambre / sed

глад / жажда

enfermo / saludable

болен / здрав

ilegal / legal

нелегален / легален

inteligente / tonto

интелигентен / глупав

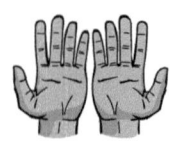

izquierda / derecha

ляво / дясно

cercano / lejano

близо / далече

nuevo / usado

нов / употребяван

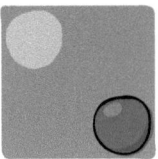

nada / algo

нищо / нещо

viejo / joven

стар / млад

encendido / apagado

вкл. / изкл.

abierto / cerrado

отворен / затворен

bajo / fuerte

тих / силен (звук)

rico / pobre

богат / беден

correcto / incorrecto

правилен / погрешен

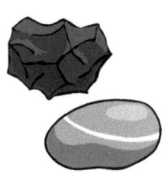

áspero / liso

грапав / гладък

triste / alegre

тъжен / щастлив

breve / extenso

дълъг / къс

lento / veloz

бавен / бърз

mojado / seco

мокър / сух

caliente / frío

топъл / студен

guerra / paz

война / мир

0

cero

нула

1

uno

едно

2

dos

две

3

tres

три

4

cuatro

четири

5

cinco

пет

6

seis

шест

7

siete

седем

8

ocho

осем

9

nueve

девет

10

diez

десет

11

once

единадесет

12

doce

дванадесет

13

trece

тринадесет

14

catorce

четиринадесет

15

quince

петнадесет

16

dieciséis

шестнадесет

17

diecisiete

седемнадесет

18

dieciocho

осемнадесет

19

diecinueve

деветнадесет

20

veinte

двадесет

100

cien

сто

1.000

mil

хиляда

1.000.000

millón

милион

números - числа

езици

inglés

английски

inglés estadounidense

американски английски

chino mandarín

китайски мандарин

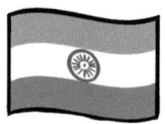

hindi

хинди

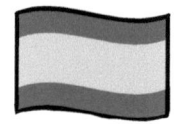

español

испански

francés

френски

árabe

арабски

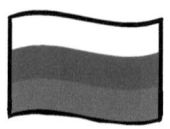

ruso

руски

portugués

португалски

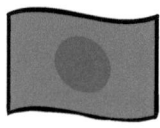

bengalí

бенгалски

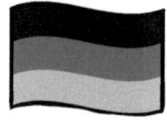

alemán

немски

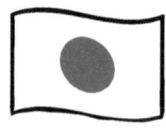

japonés

японски

yo

аз

tú

ти

él / ella

той / тя / то

nosotros

ние

vosotros

вие

ellos

те

¿quién?

кой?

¿qué?

какво?

¿cómo?

как?

¿dónde?

къде?

¿cuándo?

кога?

nombre

име

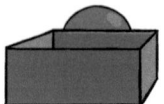

detrás

зад

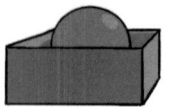

en

в

delante de

пред

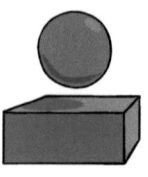

encima de

над

sobre

върху

debajo de

под

junto a

до

entre

между

lugar

място